Inhalt

Richtige Strategie - Der Erfolgsschlüssel für den Mittelstand heißt Konzentration aufs Kerngeschäft

Kernthesen

Beitrag

Fallbeispiele

Weiterführende Literatur

Impressum

Richtige Strategie - Der Erfolgsschlüssel für den Mittelstand heißt Konzentration aufs Kerngeschäft

Harald Reil

Kernthesen

- Es gibt Wirtschaftsexperten, die dem deutschen Mittelstand auch im Zeitalter weltumspannender Märkte goldene Zeiten voraussagen.
- Ihrer Ansicht nach hängt der Erfolg allerdings von der richtigen Strategie ab: Nur wer sich auf seine Kernkompetenzen konzentriert, wird auch bestehen.
- In die Quere kommen könnte den

Mittelständlern jedoch der besorgniserregende Fachkräftemangel.
- Experten fordern daher einen frühzeitigen Kampf um Talente, der schon in Gymnasien und Hochschulen beginnen sollte.
- Auf Dauer wird Deutschland allerdings nicht um qualifiziertes Fachpersonal aus dem Ausland herumkommen.

Beitrag

Guter Rat: Wirtschaftsfachmann rät zur Konzentration aufs Kerngeschäft

Glaubt man einigen Wirtschaftsexperten, muss sich der deutsche Mittelstand keine Zukunftssorgen machen. Stellvertretend für diese optimistische Einschätzung ist zum Beispiel die Meinung des Wirtschaftsprofessors und Unternehmensberaters Hermann Simon, der mit seinem Buch "Hidden Champions", in dem er die Erfolgsstrategien nahezu unbekannter Weltmarktführer untersuchte, für Furore sorgte. Seine These für die rosigen Zeiten, denen hiesige Mittelständler entgegensehen, ist dabei genauso eingängig wie einleuchtend: China mag zur

Fabrik der Welt werden, aber deutsche Unternehmen werden diese Fabrik bauen. Auch andere ehemalige Schwellenländer werden als Absatzmärkte immer interessanter, da ihre Mittelschicht kontinuierlich wächst. Der wahrscheinliche Erfolg des Mittelstandes ist allerdings kein Selbstläufer. Entscheidend ist die richtige Geschäftsstrategie: Nur Firmen, die sich auf ihre Kernkompetenzen konzentrieren, werden auch in Zukunft auf dem globalisierten Markt ein wichtiges Wörtchen mitreden können. Wer dies nicht beherzigt, ist womöglich schneller weg vom Fenster, als er denkt. (1), (6), (7)

Der Keim des Scheiterns: Wer auf mehreren Hochzeiten tanzt, macht nichts gescheit

Anders herum aufgezäumt, ist das Argument der Konzentration auf das Kerngeschäft eine deutliche Absage an die so genannte Diversifikationsstrategie. Sie besagt bekanntlich Folgendes: Wenn sich Unternehmen mehrere Standbeine aufbauen, minimieren sie das Risiko eines wirtschaftlichen Misserfolgs. Dass diese Taktik in Zeiten der globalisierten Wirtschaft auch schiefgehen kann, ist leicht nachzuvollziehen. Denn wer auf mehreren Hochzeiten tanzt, macht nichts gescheit. Angesichts der weltweiten Konkurrenz bleibt dem deutschen Mittelstand daher nichts anderes übrig, als durch ständige Innovation, schnelle Reaktion und eine institutionalisierte Flexibilität seine Spitzenposition zu verteidigen. Das ist schwer genug für ein Produkt oder eine Dienstleistung; für mehrere, ist es für die Meisten fast unmöglich. [1]

Die richtige Geschäftsstrategie: Innovation innerhalb der Kernkompetenzen

Trotz dieser Warnungen sind auch die Experten des Verbands Deutscher Maschinen- und Anlagenbau (VDMA) davon überzeugt, dass der deutsche Mittelstand auf den globalisierten Märkten weiterhin eine entscheidende Rolle spielen wird. Sie heben hervor, dass hiesige Firmen von allen Unternehmen weltweit die größte Erfahrung darin haben, bereits existierende Technologien zu neuen Produkten zu kombinieren. Bringt man dieses Talent mit dem Gedanken in Zusammenhang, dass der Schlüssel zu weiteren wirtschaftlichen Höhenflügen die Konzentration auf das Kerngeschäft ist, dann lässt sich ein strategisch sinnvolles Agieren des Mittelstandes folgendermaßen konkretisieren: Unternehmen, die innerhalb der Grenzen ihrer ureigensten Kompetenzen versuchen, neue Produkte zu entwickeln, werden auf dem Weltmarkt bestehen. (2)

Die richtige Personalrekrutierungsstrategie: Frühzeitiger Kampf um Talente

Dennoch gibt es einen Faktor zu berücksichtigen, der den hiesigen Mittelständlern einen Strich durch die Rechnung machen könnte: Wollen sie auch in Zukunft mit ihren Konkurrenten in anderen Teilen der Welt nicht nur mithalten, sondern sie sogar überflügeln, brauchen sie bestens ausgebildetes Fachpersonal, und zwar vorzugsweise in technischen Berufen: Angesichts der demographischen Entwicklung hierzulande ist das allerdings keine leichte Aufgabe. Das Problem lässt sich daher nur mit einer richtigen Personalrekrutierungsstrategie lösen. Das heißt: Firmen müssen den Kampf um Talente frühzeitig beginnen - in Schulen, in Fachhochschulen und in Universitäten. Auf Dauer wird sich der Fachkräftemangel aber nur dann in den Griff bekommen lassen, wenn Deutschland konsequent auf die Zuwanderung qualifizierter Arbeiter aus dem Ausland setzt. In dieser Frage ist daher besonders die Politik gefragt. Sie muss für Fachkräfte aus dem

Ausland geeignete, und das heißt vor allem attraktive Rahmenbedingungen schaffen. (1)

Die richtige Personalentwicklungsstrategie: Expertenhilfe ist gefragt

Die Globalisierung zieht zwangsläufig auch eine Internationalisierung des Geschäftes nach sich. Auch die Belegschaft wird internationaler und mobiler. Diese neuen Fakten stellen besondere Anforderungen an die Führungskultur. Mittelständler, die meinen, sie werden auch in Zukunft mit patriarchalischen Methoden aus längst vergangenen Zeiten regieren können, werden hart auf dem Boden der Tatsachen landen; spätestens dann, wenn sie junge, aufstrebende und bestens ausgebildete Fachleute verlieren, die selbst etwas bewegen und nicht ausschließlich auf Anweisungen von Gnaden des Firmenbosses reagieren wollen. Neben einer Personalrekrutierungsstrategie, die, wie bereits oben erläutert, frühzeitig ansetzt, sind also auch moderne Personal- und Führungskräfteentwicklungsstrategien gefragt, die den Erfordernissen eines weltumspannenden Marktes und einer zunehmenden Internationalisierung Rechnung tragen. Da der Mittelstand im Normalfall dafür keine Experten im

Haus hat, ist es sinnvoll, diese von außen zu holen. (4)

Trends

Auf dem richtigen Weg: Exportleistung des Mittelstands nimmt stetig zu

Deutsche Mittelständler und ihre Produkte genießen schon seit vielen Jahren weltweite Hochachtung. Diese Behauptung lässt sich mit eindrucksvollen Zahlen belegen. Von den rund 355 000 Unternehmen, die im Exportgeschäft tätig sind, gehören knapp 98 Prozent dem Mittelstand an. Mit Ausnahme eines kleinen Einbruchs im Jahr 2009, der auf die Wirtschaftskrise zurückzuführen ist, wächst die Zahl der exportierenden Mittelständler stetig an. Auch ihre Ausfuhrleistung wird von Jahr zu Jahr größer. Das Attribut "Made in Germany" ist also noch immer ein global anerkanntes Qualitätsmerkmal; und das wird auch so bleiben, wenn hiesige Unternehmen nur ein paar Grundregeln beachten: Dazu gehören die Konzentration aufs Kerngeschäft sowie die ständige Bereitschaft, innerhalb dieses Rahmens neue Produkte zu entwickeln. Dass deutsche Mittelständler diese Fähigkeit über Nacht verlieren werden, ist unwahrscheinlich. Zu stark ist die Bereitschaft, auf höchstem Niveau zu tüfteln, in der hiesigen Unternehmenskultur verankert. Der anhaltende Erfolg der Deutschen erregt den Neid, aber auch die Bewunderung anderer Länder. Die Franzosen haben beispielsweise das Wort "Mittelstand" bereits in den eigenen Wortschatz aufgenommen. Ein größeres Kompliment kann es für das Rückgrat der deutschen Wirtschaft wohl kaum geben. Kurzum: Die Aussichten für hiesige kleine und mittlere Unternehmen, auch in der globalisierten Welt zu bestehen, sind mit der richtigen Strategie tatsächlich ausgezeichnet. (2), (3)

Fallbeispiele

Leuchtendes Beispiel: Mittelständler entwickelt neues Projektionssystem für Fassaden

Reinhard Cordes, ein mittelständischer Glasproduzent aus Niedersachsen, der das Familienunternehmen "Frerichs Glas" in dritter Generation leitet, hat acht Jahre lang in eine Neuentwicklung investiert, die in seiner Branche einzigartig ist. "Frerichs Glas", das bisher nur regional tätig war, will damit den Weltmarkt aufrollen. Bei Cordes Erfindung handelt es sich um ein in Isolierglas gehülltes Leuchtdiodensystem, das sich per Computer steuern lässt. Mit seiner Hilfe können Bild- oder Videodateien auf Gebäudefassaden projiziert werden, die hunderte von Quadratmetern groß sind. "Onlyglass Mediafacade", wie die Technologie heißt, ist witterungsresistent und kaum wartungsbedürftig. Sind die Leuchtdioden ausgeschaltet, ist das System für den Betrachter auf der Straße kaum zu erkennen. Mitarbeiter, die durch die Fenster nach draußen schauen, werden von den riesigen Bildern nicht in ihrer Konzentration gestört; für sie sind sie unsichtbar. (2)

Viele mittelständische IT-Firmen zieht es ins Ausland

Die Globalisierung bringt eine zunehmende Internationalisierung des Geschäftes mit sich. Das zeigt sich auch in der IT-Branche. Der Münchner Unternehmerkreis Informationstechnologie (MUK IT) und das Internationale PR-Agenturnetzwerk European Marketing Communications haben zu diesem Thema eine Studie veröffentlicht, die diesen Trend belegt. Rund 31 Prozent der IT-Firmen, die in Deutschland ansässig sind, sind davon überzeugt, dass die Expansion ihres Unternehmens über die

Landesgrenzen hinweg wichtig ist. Elf Prozent halten diese Strategie sogar für sehr wichtig; 29 Prozent sind diesem Thema gegenüber zumindest nicht abgeneigt. 73 Prozent der Unternehmen waren überzeugt, auch im Zeitalter globalisierter Märkte erfolgreich zu sein. 70 Prozent gaben zu Protokoll, dass sie davon ausgingen, ihr Geschäftsmodell ständig an sich verändernde Märkte anpassen zu müssen. Der Titel der Studie lautet "IT-Trends 2011/2012". Ansprechpartner von 150 Software- und Servicehäusern standen dafür Rede und Antwort. (5)

Weiterführende Literatur

(1) Der Mittelstand steht vor goldenen Zeiten
aus Handelsblatt online vom 21.09.2011

(2) Ein Schlüssel für den Weltmarkt
aus Manager Magazin, 17.02.2012, Nr. 3, Seite 102

(3) Frankreich hat das Vorbild Deutschland
aus Neue Zürcher Zeitung 16.04.2011, Nr. 90, S. 41

(4) Vom "Local Hero" zum "Gobal Player"
aus wirtschaft&weiterbildung, Vol. 20, Heft 03/2012, S. 22-24

(5) Mittelständische IT-Wirtschaft strebt ins Ausland / Gemeinsame Studie von MUK IT und euro.marcom
aus news aktuell, 2011-05-24

(6) Besser sein als andere
aus "Format" Nr. 01-02/12 vom 13.01.2012 Seite: 49

(7) Investieren in neuen Märkten
aus Markt und Mittelstand vom 04.11.2011, Nr. 11, S. 62

(8) Werkzeug für die Welt
aus Süddeutsche Zeitung, 08.10.2011, Ausgabe München, Bayern, Deutschland, S. 28

Impressum

Richtige Strategie - Der Erfolgsschlüssel für den Mittelstand heißt Konzentration aufs Kerngeschäft

Bibliografische Information der deutschen Nationalbibliothek

Die Deutsche Nationalbibliothek verzeichnet diese Publikation in der deutschen Nationalbibliografie; detaillierte bibliografische Daten sind im Internet über http://dnb.d-nb.de abrufbar.

ISBN: 978-3-7379-1285-3

© 2015 GBI-Genios Deutsche Wirtschaftsdatenbank GmbH, Freischützstraße 96, 81927 München, www.genios.de

Alle Rechte vorbehalten. Dieses Werk ist einschließlich aller seiner Teile – z.B. Texte, Tabellen und Grafiken - urheberrechtlich geschützt. Jede Verwertung außerhalb der Grenzen des Urheberrechtsgesetzes bedarf der vorherigen Zustimmung des Verlags. Dies gilt insbesondere auch für auszugsweise Nachdrucke, fotomechanische Vervielfältigungen (Fotokopie/Mikroskopie), Übersetzungen, Auswertungen durch Datenbanken oder ähnliche Einrichtungen und die Einspeicherung und Verarbeitung in elektronischen Systemen.